Páscoa no galinheiro

Ou a história do Ovo de galinha
que queria ser Ovo de Páscoa

(versão narrativa)

Texto:
Eduardo Bakr

Ilustrações:
Lúcia Hiratsuka

Dados Internacionais de Catalogação na Publicação (CIP)
(Câmara Brasileira do Livro, SP, Brasil)

Bakr, Eduardo
   Páscoa no galinheiro, ou, A história do ovo de galinha que queria
ser ovo de Páscoa (versão narrativa) / texto Eduardo Bakr ; [ilustração
Lucia Hiratsuka]. – 3. ed. – São Paulo : Paulinas, 2014. – (Coleção sabor
amizade)

   ISBN 978-85-356-3714-4

   1. Literatura infantojuvenil I. Hiratsuka, Lucia. II. Título. III. Título:
A história do ovo de galinha que queria ser ovo de Páscoa. IV. Série.

14-01127   CDD-028.5

Índices para catálogo sistemático:
   1. Literatura infantil   028.5
   2. Literatura infantojuvenil   028.5

Revisado conforme a nova ortografia

3ª edição – 2014
3ª reimpressão – 2023

Direção-geral: *Flávia Reginatto*

Editora responsável: *Maria Alexandre de Oliveira*

Assistente de edição: *Rosane Aparecida da Silva*

Coordenação de revisão: *Marina Mendonça*

Revisão: *Ana Cecilia Mari e*
Mônica Elaine G. S. da Costa

Direção de arte: *Irma Cipriani*

Gerente de produção: *Felício Calegaro Neto*

Produção de arte: *Manuel Rebelato Miramontes*

Nenhuma parte desta obra pode ser reproduzida ou transmitida por
qualquer forma e/ou quaisquer meios (eletrônico ou mecânico, in-
cluindo fotocópia e gravação) ou arquivada em qualquer sistema ou
banco de dados sem permissão escrita da Editora. Direitos reservados.

Paulinas
Rua Dona Inácia Uchoa, 62
04110-020 – São Paulo – SP (Brasil)
Tel.: (11) 2125-3500
http://www.paulinas.com.br – editora@paulinas.com.br
Telemarketing e SAC: 0800-7010081
© Pia Sociedade Filhas de São Paulo – São Paulo, 2008

Aos que se percebem, se renovam e vivem.
Aos que rompem as suas cascas.
Aos que amam do fundo do coração.

Em especial, aos meus pais e às minhas queridas cunhadas:
Bárbara, Débora, Jú e Roberta (-- e aos seus filhotes -- tanto aos que aqui já estão quanto àqueles que ainda virão --).

Logo que o Ovo foi posto, um cacarejo de mãe anunciou a sua chegada para todo o galinheiro ouvir. Em seu ninho, o Ovo era embalado pelos carinhos de sua mãe que, enquanto chocava, já lhe ensinava os primeiros cocoricós. Assim, aos poucos, as palavras começaram a povoar sua mente clara de ovo, fazendo uma pergunta brotar no íntimo de sua gema:

Quem nasceu primeiro: o ovo ou a galinha?

Embora não tivesse certeza, algo em seu interior lhe dizia que a galinha havia nascido primeiro.

Claro, como é que alguém poderia nascer sem mãe? Sem o quentinho das asas lhe aquecendo o coração?

Queria discutir essa ideia com os irmãos, mas não tinha irmãos. Era filho único. O Ovo morava sozinho em seu ninho e, sendo assim, só podia discutir consigo mesmo:

Mas também é possível que o ovo tenha aparecido primeiro e a primeira galinha pode ter vindo depois... Será?

Pergunta difícil. Quando parava para pensar no assunto, chegava a ficar tonto e quase rolava no chão procurando a resposta. Como não a encontrava, tentava adivinhar:

Mas se a galinha não veio primeiro... Quem botou o primeiro ovo?

Achou que, talvez, fosse esta a pergunta que o colocaria no caminho certo para encontrar a resposta.

E se...? Ahh! Talvez... Pode ser que...? Será?!

Uma ideia ciscou por sua cabeça:

E se não foi galinha? Caramba! Será que não foi galinha? Se não foi... Quem foi?

Embora nunca tivesse saído do ninho para ver de perto, sabia da existência de outros ovos. Sua mãe sempre cacarejava muitas histórias sobre o mundo para fazê-lo dormir. Sabia do ovo de gansa, do ovo de pata, do ovo de ema, do ovo de cisne, do ovo de codorna, do ovo de passarinha, do ovo de coruja, do ovo de gavioa...

Não! Não é possível que logo o primeiro ovo tenha sido o ovo de gavioa! Ou de águia? Ou de falcoa? Será?

Sabia também que existiam ovos de lagartixa, de insetos, de cobras, de lagartos...

Não, não, não! Nisso eu não quero nem pensar! Deus me livre!

Mas podia ser. Claro que podia ser!

Não é porque alguns animais não se dão bem, que significa que eles sejam maus. De jeito nenhum! Ele não podia negar que todos os bichos possuem o seu valor e que o primeiro ovo poderia ter sido de qualquer um deles!

Cada um no seu galho, cada um na sua toca, cada um no seu ninho, cada um do seu jeito.

O primeiro ovo poderia ter sido de qualquer animal que ponha ovos.

Ele não gostava de admitir, mas era assim: sem tirar nem por.

É... em matéria de ovo, o mundo é farto. Imenso em formatos, tamanhos e cores.

Lembrou-se de tantas possibilidades, que achou melhor deixar pra lá. Em outra hora pensaria no assunto.

Chega de pensar no passado. Eu quero é olhar para a frente e pensar no futuro.

Seu sonho era se tornar aquilo que, numa manhã do mês de março, ouviu uma criança descrever com entusiasmo... Estava decidido a se tornar Ovo de Páscoa.

Um belo Ovo de Páscoa bem grande. Grande não: GIGANTE. Bem colorido, com um bonito papel de presente e laço de fita! Ai, ai... Isso sim é que é vida.

De lá para cá, cismou com a ideia. Queria que a Páscoa chegasse para ser encontrado por uma criança e viver a doce vida de um Ovo de Páscoa.

Quero ser tão bacana a ponto de despertar a felicidade.

Mas não conseguia entender como ele, um Ovo branco e sem graça, feio e sem charme, pequeno e sem jeito, poderia, um dia, ser Ovo de Páscoa, bonito e faceiro. Logo ele que não tinha papel de presente nem laço de fita e morava em um ninho de palha seca no canto de um galinheiro.

Ai, ai... Seria melhor trocar de desejo — pensava, às vezes.

Mas não era fácil esquecer o seu querer, pois, ultimamente, o menino sempre acompanhava o pai até o galinheiro e não parava de falar no coelho da Páscoa e no Ovo que ele iria trazer, nos lugares onde o Ovo poderia ser escondido e ficava feliz só de imaginar.

Mas por que o garoto queria que um coelho trouxesse o seu Ovo de Páscoa?

Essa era uma coisa que ele, realmente, não conseguia entender: qual era a relação entre os Ovos de Páscoa e os coelhos?

Coelho não bota ovo! Ou bota?

Como poderia saber? Embora, de vez em quando, ouvisse comentários de algum bicho ou do garoto ou de seu pai, não conhecia nenhum coelho... Tampouco um Ovo de Páscoa.

Mas um dia hei de conhecer. Ah, se vou!

E esse dia chegou rápido. Exatamente um dia antes do domingo de Páscoa, um pouco depois da hora de dormir. O sol já tinha se deitado por trás do rincão e sua mãe conversava com os poucos bichos que ainda estavam acordados no galinheiro, quando alguém abriu a porta do terreiro. Parecia um ladrão.

Estranho... Ninguém cacarejou ou grasnou... O cachorro não latiu... Quem será?

Só quando o homem saiu e disse o seu habitual "Bá noite, bicharada!", foi que o Ovo reconheceu o pai do menino.

Mas o que é que ele veio fazer aqui uma hora dessas?

Olhou para um lado, olhou para o outro, mas não conseguiu descobrir. A lua já luzia no céu e ele deveria estar dormindo há muito tempo. E mesmo tinindo de curiosidade, não aguentou esperar pela mãe para perguntar o que estava acontecendo. Dormiu.

Quando a noite decidiu ir embora e o sol começou a raiar, a bicharada foi espreguiçando as asas bem devagarzinho, dizendo bom-dia ao dia e saindo para ciscar. Foi nessa hora que o primeiro raio de luz entrou no galinheiro e iluminou algo brilhante no ninho vizinho ao seu. Algo novo que no dia anterior não estava ali.

— Meu Deus do céu! — os ovos falaram juntos.

Encabulados, eles ficaram se olhando, sem saber o que dizer um ao outro, até que o silêncio foi saindo de mansinho e as palavras começaram a formar frases:

— Você é um Ovo de Páscoa?

— Sou. E você é um Ovo de Verdade?

— Sou. Sou Ovo de Verdade de Galinha, mas o meu sonho é ser de Páscoa.

— Que engraçado!

— Qual é a graça?

— O meu sonho é ser um Ovo de Verdade.

E rolaram de rir, cada um no seu ninho.

— Puxa! Como foi que você arrumou este papel tão bonito?

— Na fábrica. Quando a gente nasce, passam papel laminado em volta da gente, depois embrulham com celofane e amarram uma fita.

— Uau!! Será que, se eu for até essa tal fábrica, eles me arrumam um papel bem colorido e uma fita?

— Acho que não. Nunca vi Ovo de Verdade por lá.

A tristeza quis se transformar em silêncio, mas logo surgiu outra questão:

— E existem muitos coelhos trabalhando na tal fábrica?

— Não. Nenhum coelho, apenas seres humanos.

— Homens?

— É. Não existem coelhos de verdade por lá. Só os coelhos de chocolate.

— Como assim?

— Nós, os ovos e os coelhos de Páscoa, somos apenas um símbolo.

— Símbolo?

— É. Símbolo de renovação, de prosperidade, de amor, de vida. Nós, Ovos de Páscoa, imitamos vocês, Ovos de Verdade.

— Sério?

— Seriíssimo.

— Por quê?

— Porque a Páscoa é a celebração da vida e vocês, Ovos de Verdade, são o que há de mais simples e mais bonito... Carregam a beleza do nascimento na força e fragilidade de suas cascas.

— Sério?!

— Claro! Você acha que eu me pareço com você?

— Bem... Você é maior, mais colorido, mais brilhante...

Quando ouviu essas palavras, o Ovo de Páscoa entristeceu, mas em seguida o Ovo de Galinha completou:

— Mas se olharmos direitinho, nós até que somos muito parecidos. Acho que temos a mesma natureza.

— Nossa! Nunca recebi um elogio como este. Agora, me sinto mais inteiro, completo, mais feliz... Agora sinto que a minha alma de chocolate é mais de verdade!

— Mas você é de *verdade*! Você é Ovo de Verdade de Chocolate! Somos iguais e diferentes ao mesmo tempo. Somos irmãos!

Interrompendo a prosa, o garoto pulou a cerca do galinheiro, correu até o ninho e apanhou o seu Ovo de Páscoa.

O Ovo de Galinha nem pôde se despedir do novo amigo; só teve tempo de ver o largo sorriso nascendo no canto dos olhos do menino.

Tumtum. Tumtum.

A emoção de ver o menino encontrar o seu Ovo de Páscoa foi tão grande que o Ovo de Galinha começou a sentir alguma coisa brotar dentro de si. Seu coraçãozinho palpitava. Algo vibrante começava a lhe bicar por dentro e romper a casca. Algo mágico.

Foi então que o Ovo de Galinha entendeu que ele era muito mais do que uma casca branca de formas perfeitas. Ele era exatamente aquilo que queria ser: gigante como seu desejo, colorido por sua alegria, vivo por sua natureza.

E um lindo pintinho, ainda desajeitado, saiu do ovo bambeando as patas. Olhou para a casca quebrada e viu que o ovo era ele, igual e diferente, frágil e forte. Quando se deu conta de que estava nascendo outra vez, uma pergunta reapareceu rápida e luminosa feito um relâmpago:

Quem nasceu primeiro: o ovo ou a galinha?

Olhou o galinheiro e a fuzarca dos outros bichos. Viu o azul do céu e o branco das nuvens. Um ventinho acariciou as penas novas e o bico saliente. Nessa hora, sentiu que existia uma força maior definindo a ordem das coisas e que, com o tempo e o olhar atento, encontraria muitas respostas para as suas muitas perguntas. Ainda tinha pela frente um mundo inteiro para explorar e descobrir.

Cocoricó! Có có. Cocoricó! — ouviu sua mãe pular do poleiro e correr para lhe dar as boas-vindas e apresentá-lo para toda a bicharada.

Viu o amor sorrindo e iluminando o canto dos olhos da mãe e percebeu que o seu sonho estava se realizando. Entendeu que ele era a própria Páscoa, pois fazia parte do milagre da vida, que se faz e se refaz cada dia.

Todos os dias. Sempre.